Kuno Fritschi

Dunkle Wolken, helle Feuer ...

... über Hüfingen im Sommer 1796

Bibliografische Information der Deutschen Nationalbibliothek:
Die Deutsche Nationalbibliothek verzeichnet diese Publikation in der Deutschen Nationalbibliografie. Detaillierte bibliografische Daten sind im Internet unter http://dnb.d-nb.de abrufbar.

Impressum:
© 2017 Kuno Fritschi
Zusammenstellung und Gestaltung: Hans-Josef Fritschi
Herstellung und Verlag: BoD – Books on Demand, Norderstedt.
ISBN: 9783744810500

Inhalt

Vorwort

Zwischen 1792 und 1797 kam es in Europa zum ersten Revolutionskrieg, in dem eine Koalition mehrerer Staaten unter Führung Österreichs gegen das revolutionäre Frankreich unter Napoleon kämpfte. Im Juni 1796 setzte die französische Armee über den Rhein über. Ein Teil der Truppen zog durch den Schwarzwald zum Bodensee und nach Schwaben. Ende Juli drangen tausende französischer Soldaten auch in die Baar ein.

Die dramatischen Ereignisse, die die Stadt Hüfingen in den Tagen vom 29. Juli bis 1. August 1796 erlebte, sind Inhalt dieses Büchleins. Der französische General Tharreau hat beim Einmarsch seiner Truppen in die fürstlich fürstenbergischen Lande mitteilen lassen, dass er am 31. Juli für seine Truppen in Hüfingen Quartier fordere. In diesem Zusammenhang verlange er von der Stadt ein hohes Lösegeld. Falls dies verweigert werde, werde der Stadt Schlimmes widerfahren. Die Rede war von Plünderungen oder sogar Brandschatzungen. Bei meinen Nachforschungen über dieses Unheil habe ich mich streng an die Archivunterlagen gehalten. Ausführlich sind dort die Bemühungen des Hofrates Mors, des Schultheißen Fritschi, des Bürgermeisters Ribola sowie von Johann Baptist Fritschi, des Wirts vom Gasthaus „Lägele", geschildert, das Schlimmste von Hüfingen abzuwenden. Die historisch verbürgten Ereignisse habe ich dann entsprechend szenisch ausgearbeitet.

Zur Auflockerung des Geschehens habe ich Geschichten oder angenehme Begebenheiten der Menschen jener Zeit in freier Gestaltung einfließen lassen. Sie sollen praktisch der bunte Tupfer gegenüber den kriegerischen Berichten der Sommertage sein.

Ungebetene Gäste und eine dreiste Forderung

Man schrieb den 29. Juli 1796. Dichte Regenwolken lagen an diesem Freitagmorgen über dem Fürstlich Fürstenbergischen Oberamtstädtchen Hüfingen auf der Baar, einer Hochfläche zwischen Schwarzwald und Alb. Noch war es still in den Gassen, als schnelle Männerschritte aus der Nähe des Rathauses zu hören waren. Im Ratssaal wartete ungeduldig der Hofrat und Oberamtmann Johann Baptist Mors auf die von ihm geladenen höheren Beamten, Schultheiß und Bürgermeister, die kurze Zeit später eintrafen. Der Hofrat wirkte nervös als er verkündete, dass in Kürze mit der Einquartierung französischer Truppen zu rechnen sei. Das Kommando des rechten Flügels der französischen Rhein-Mosel-Armee war schon zwei Tage zuvor unter General Ferino in Donaueschingen einmarschiert. Ein weiterer Truppenteil stehe bei Löffingen und könnte jederzeit in die Stadt einfallen. Hofrat Mors erinnerte an die zahlreichen Einquartierungen der letzten Zeit, als mehr fremde Truppen im Städtle waren als Einheimische - von der finanziellen Belastung und der Belästigung der Bürger ganz zu schweigen.

Auf der Baar war man in heller Aufregung. Niemand wusste, ob es neben den Einquartierungen auch zu schweren Kampfhandlungen zwischen den französischen und den kaiserlich-österreichischen Truppen kommen würde. Selbst im Fürstenhaus in Donaueschingen herrschte große Unruhe. Just an dem Tag, als die Franzosen den Rhein überschritten, am 24. Juni 1796, starb plötzlich der regierende Fürst Joseph Maria Benedikt. Daraufhin wurde sein Bruder, Karl Joachim, der achte regierende Fürst zu Fürstenberg. Karl Joachim hatte erst am 11. Januar 1796 in Wien seine Base Karoline Sophie von Fürstenberg-Weitra geheiratet und es war geplant, dass das Paar im Hüfinger Schloss seine Residenz beziehen sollte. Hierzu wurden seit dem Frühjahr umfangreiche Renovierungsarbeiten im Gebäude vorgenommen. Da Karl Joachim durch den Tod seines Bruders nun selbst Fürst wurde, erübrigte sich die weitere Sanierung des Schlosses jedoch.

Fürst Karl Joachim zu Fürstenberg

Weil sich ein Anrücken der Franzosen abzeichnete, entschloss sich der junge Fürst schon Anfang Juli mit seiner Familie die Baar zu verlassen und nach Heiligenberg zu fliehen. Als die Franzosen kurz vor Donaueschingen standen, zog er sich am 26. Juli nach Kreuzlingen und dann nach Feuerthalen bei Schaffhausen zurück. Dort besaß das Fürstenhaus ein herrschaftliches Landgut, auf das die Adelsfamilie in Kriegszeiten häufig auswich. Erst am 8. November sollte die Fürstenfamilie wieder nach Donaueschingen zurückkehren.

Der Hüfinger Hofrat Mors hatte gute Gründe, die Verantwortlichen der Stadt zu diesem Gespräch zu zitieren. Die von Löffingen her anrückenden Franzosen standen unter dem Kommando von Brigadegeneral Jean Victor Tharreau. Das allgemein bekannte

General Jean Victor Tharreau

rücksichtslose Vorgehen dieses Generals ließen den Hofrat nichts Gutes ahnen. Wo immer General Tharreau mit seiner Truppe auch einfiel, immer wurde von schweren Gräueltaten der französischen Soldaten berichtet. Dem General wurde unersättliche Habsucht, pöbelhafter Übermut, der überall nach Opfern suchte und Missachtung allen Menschlichkeitsgefühls vorgeworfen. Zeitzeugen bezeichneten ihn als menschliches Ungeheuer, dessen Äußeres eher einem verwilderten Menschenhasser als einem gepflegten Heerführer gleiche. Wenn er betrunken war, fürchtete man den General besonders. Dann soll er sogar befohlen haben, ihm so viel Kirschwasser zu bringen, dass er in diesem ein Bad nehmen könne.

Der schlechte Ruf, der dem General vorausging, wurde vielerorts auch in gehobenen Kreisen mit Entsetzen registriert. So beschrieb Johann Peter Hebel im November 1796 in einem Brief an seinen Freund Carl Christian Gmelin den Rückzug der Franzosen aus Schwaben über Rheinfelden nach Lörrach bis nach Hüningen (dem heutigen Huningue bei Basel). Der schlimmste Teil der Truppe sei die Nachhut unter General Tharreau gewesen, die wie ein Kehrbesen hinter der Armee her „alles rein gemacht habe." Der damalige Abt des Benediktinerklosters St. Peter, Ignatius

Speckle, sagte von Tharreau, dass er als der ärgste Wüterich verabscheut werde und überall fürchterliche Erpressungen begehe und „mit Sengen, Brennen und Aufhängen" drohe. Der General selbst habe nur Verachtung für die Bevölkerung gehabt. So soll er gesagt haben, es reue ihn, dass er in Deutschland auch nur eine Stunde Mensch gewesen sei.

Die im Ratssaal Anwesenden waren sich einig, rasch das Nötige für die Einquartierung der Franzosen zu besorgen. Es waren Quartiere für die Soldaten sowie Ställe für die Pferde bereitzustellen. Für die Verpflegung war Vorsorge zu treffen. Federführend waren jedoch die französischen Quartiermacher, die sogenannten Kommissare. Mit ihnen rechnete Hofrat Mors jede Stunde.

Plötzlich ließ ein lautes Pferdegetrappel vor dem Rathaus die Anwesenden aufhorchen. Mit schnellen Schritten näherten sich Männer dem Rathaus. Ohne anzuklopfen traten der Adjutant des französischen Generals Tharreau, Kapitän Labrousse, und weitere uniformierte Männer ein. Kurz und knapp verkündete er im Auftrag seines Vorgesetzten, dass seine Armee am Sonntag, den 31. Juli ins Städtchen einziehen werde und hier mit Männern und Pferden Quartier verlange. Mit zynischen Lächeln schob er einen Satz nach, der, obwohl kurz ausgesprochen, eine vernichtende Wirkung auf Rat und höhere Beamte hatte: Der General verlange bis zum Samstagabend von der Stadt Hüfingen ein Lösegeld von 200 Louisdor[1].

Der mit schneidiger Stimme vorgetragene Befehl verfehlte seine Wirkung nicht. Wortlos und mit verzweifelten Minen vernahm die Obrigkeit das Ungeheuerliche. Kapitän Labrousse sah die Verwirrung der Hüfinger und setzte dem Satz, der ihm offensichtlich

Freude bereitete, hinzu: „Wenn die Stadt das Geld nicht zahlt, wird Hüfingen geplündert und die Stadt angezündet!" Der Adjutant grüßte militärisch, aber derart, dass der Gruß eher einer Geringschätzung glich. Er drehte sich mit einem diabolischen Grinsen um und verließ den Ratssaal. Manche glaubten, gehört zu haben, dass der Adjutant beim Verlassen des Rathauses schadenfroh vor sich hergepfiffen habe.

Im Ratssaal setzte nach einer Schockstarre eine aufgeregte Diskussion ein. Die Stadt sei stark verschuldet, von dort könne man keine Mittel erwarten, hörte man beunruhigt sagen. Einige Wenige plädierten dafür, das Lösegeld nicht zu zahlen. Ihnen erschien es aber auch sonderbar, dass die Eintreibung des Lösegeldes in dieser eigenartigen Weise erfolgte. Man müsse dies bei der fürstlichen Regierung in Donaueschingen melden und dann den Bericht abwarten, bevor man der Forderung nachkomme. Schließlich kam man jedoch überein, das Lösegeld in voller Höhe zu zahlen. Hierzu solle bei der Bevölkerung um Spenden nachgesucht werden. Man wolle um jeden Preis verhindern, dass Hüfingen der Plünderung und Brandstiftung ausgesetzt würde.

Nun wurden Männer bestimmt, die in Hüfingen Bewohner aufsuchen sollten, die zum Spenden bereit wären. Es gab allerdings große Bedenken, ob man die geforderten 200 Louidor zusammen bekäme. Trotz aller Zweifel strömten die Benannten aus, um das Geld von den Bürgern gewissermaßen zu „erbetteln".

---

1) Für das Jahr 1796 wird angenommen, dass ein Louisdor 11 Gulden (entsprechend 660 Kreuzer) entsprach. Ein Gulden dürfte ca. 30 bis 40 Euro wert gewesen sein. Somit dürfte die Lösegeldsumme zwischen 66 000 und 88 000 Euro betragen haben.

Lange Gesichter am Ratstisch

Ungeduldig wartete Hofrat Mors im Ratssaal auf die Männer, die unterwegs waren, um das nötige Lösegeld für den französischen General aufzutreiben. Die Zeit verging, und noch immer fand keiner den Weg zurück in den Ratssaal. Der Hofrat wurde immer nervöser und hastete vom Ratstisch zum Fenster, um Ausschau nach den Ausgesandten zu halten.

Johann Baptist Mors hatte in seiner Beamtenlaufzeit schon Vieles erlebt. Seit sechs Jahren war er als Hofrat und Oberamtmann der Vertreter der fürstlichen Regierung in der Oberamtsstadt Hüfingen. Obwohl er nur Sohn eines Schuhmachers aus Meßkirch war, konnte er doch in Freiburg studieren. Bald nach dem Studium trat er in die Dienste des Fürsten zu Fürstenberg und kam schnell in höhere Ämter. Nun aber stand der 40jährige Beamte vor einer besonderen Herausforderung. Ob es wirklich gelingen würde, die Forderung der Franzosen zu erfüllen und die 200 Louisdor aufzutreiben?

Jetzt endlich hörte man schwere Schritte, die sich dem Ratssaal näherten. Hoffnungsvoll kam der Hofrat dem Eintretenden entgegen, der jedoch machte einen niedergeschlagenen Eindruck und stotterte, man habe ihn überall abgewiesen. Mittlerweile kamen immer mehr „Bettelgänger" mit einer ähnlich schlechten Nachricht zurück.

Mit fahlem Gesicht stand der Hofrat da, unfähig, einen klaren Gedanken zu fassen. Vor seinem geistigen Auge sah er schon seine Oberamtsstadt, ausgeraubt und angezündet. Da ergriff Bürgermeister Ribola die Initiative. Er ließ sich die Liste geben, in der die

Namen der um eine Spende angesprochenen Bürger verzeichnet waren. Er wolle, so Ribola, diejenigen aufsuchen, die sich einer Gabe verweigert hatten.

„Das ist ja unerhört", rief er nach einem kurzen Blick auf die Liste aus, „nicht einer derer, die zu den reichsten Hüfingern zählen, war bereit, seiner Stadt zu helfen!" Der Bürgermeister blieb bei seinem Wort, alle, die nicht gespendet hatten, aufzusuchen. „Ich will wissen, ob das ein Komplott gegen das Rathaus ist."

„Das würde ich nicht tun", meldete sich einer der Ratsherren zu Wort. Er hatte sich erfolglos an dem Bittgang beteiligt. „Warum nicht?" herrschte der Bürgermeister den Zwischenrufer an. „Weil sich alle über die ‚höheren Herren' der Stadtverwaltung geäußert haben", antwortete dieser. „Und, was sagten sie dann?" wollte Bürgermeister Ribola wissen. Er bekam keine Antwort, auch nicht, als er nochmals nachfragte. „Himmel, Donnerwetter, ich will jetzt bis ins Kleinste wissen, was die Leute über unsere Verwaltung sagen, schließlich geht es um etwas Ernstes."

Der Gefragte fasste all seinen Mut zusammen und stotterte: „Sie sagten, die hohen Herren im Rathaus seien alles ‚faule Säcke', die selbst genügend Geld hätten, das Lösegeld aus eigener Tasche zu zahlen." Betretenes Schweigen von allen Seiten. Schultheiß Fritschi fasste sich als Erster. Zum Beweis, dass die angesprochenen „höheren Herren" sich sehr wohl maßgeblich an der Lösegeldspende beteiligt hätten, zog er aus seiner Rocktasche eine Liste hervor, worin die bisherigen Spender namentlich genannt waren.

Zu den Spendern zählten Hofkammerrat Bauer, Landkommissair Merk, Canzlist Rothweiler, Secretari Dietrich, Caplain Ackermann,

Johann Stehle und Hofrat Mors. Der Schultheiß stellte ernüchtert fest, dass Metzger und Bäcker sich einer Spende widersetzt hätten, obwohl gerade diese bei den jeweiligen Einquartierungen durch den Verkauf ihrer Waren, die von der Stadt bezahlt wurden, doch gut verdient hätten. Es blieb den Ratsherren nichts

Hutmacher im 18. Jahrhundert

anderes übrig, als nochmals alle aufzusuchen und um eine Spende zu bitten, und zwar recht schnell!

Einer der „Bittgänger" ließ wissen, dass der Wirt des Gasthauses „Lägele", der Hutmacher Johann Baptist Fritschi, nicht angetroffen worden war. Seine Frau werde ihren Mann, sobald er zurückgekommen sei, über das Anliegen informieren. Sie sei sicher, dass er dann sofort ins Rathaus kommen werde. Hofrat Mors winkte ab, der „Lägelewirt" könne sicherlich nichts spenden. Mit seinem Einkommen als Hutmacher und Wirt könne er kaum seine eigene Familie mit den vielen Kindern ernähren. Wie wolle er dann noch etwas spenden können. Plötzlich klopfte es an der Tür, und der Ratsdiener öffnete. Herein trat der „Lägelewirt", von dem gerade die Rede gewesen war. Er sah zunächst in verdutzte Gesichter. Der Hofrat schilderte ihm in kurzen Worten die Notlage, in der sich die Stadt befinde und nun auf Spenden der Bürger angewiesen sei: „Leider sieht es jetzt so aus, dass Hüfingen geplündert und die Bürger misshandelt werden!" Von dieser Situation hatte dem „Lägelewirt" schon seine Frau berichtet. Aus diesem Grund hatte er auch einen großen Beutel Geld dabei. So fragte er ruhig und gelassen: „Wieviel Geld fehlt noch?"

„Über ein Drittel", sagte Hofrat Mors kleinlaut. „Soso", meinte der „Lägelewirt" und zog seinen Lederbeutel hervor. „Nein, nein", rief der Hofrat, „behaltet das Geld für eure Familie. Uns können nur höhere Beträge noch retten." „Soso", sagte der Hutmacher Fritschi, „Wie viel Gulden muss ich noch zahlen, bis die Lösegeldsumme erreicht ist?" Der Hofrat blickte sein Gegenüber irritiert an und dachte dann sorgfältig nach. Da griff Bürgermeister Ribola ein, der für die Finanzen der Stadt zuständig war. Er überlegte nur kurz und meinte dann: „Mit 600 Gulden wären wir gerettet." „Soso", hörte man den „Lägelewirt" wieder sagen. Dann ging er zum Ratstisch und legte genau 600 Gulden dort nieder.

Den Anwesenden verschlug es buchstäblich die Sprache. Totenstille herrschte im Ratssaal, ehe nach einigen Sekunden unbeschreiblicher Jubel ausbrach. Man kann sich nicht vorstellen, was dann geschah. Die Herren klopften sich gegenseitig auf die Schultern und machten Freudensprünge, als wären sie noch junge Burschen.

Als der Jubel sich gelegt hatte, wollten der Schultheiß Fritschi, der Hofrat Mors und der Bürgermeister Ribola Dankesworte an den großzügigen Spender richten. Dieser winkte jedoch ab. "Freut euch nicht zu früh, denn noch wissen wir nicht, wie der General reagieren wird. Vielleicht steckt er das Geld in die eigene Tasche und malträtiert die Hüfinger trotzdem ..."

Intermezzo
Drohende Erschießung

In diesen turbulenten Tagen kam aus den Südschwarzwald eine schreckliche und beunruhigende Nachricht. Dort litten die Bürger unter einer Hungersnot, besonders Familien mit kleinen Kindern hatten kaum das Nötigste, um dem Hungertod zu entgehen. Just als die französischen Truppen Ende Juli 1796 gen Hüfingen zogen, ereignete sich eine folgenschwere Begebenheit:

Die Versorgung seiner beiden kleinen Kinder brachte ein junges Elternpaar an den Rand der Verzweiflung. Es gab nicht die geringste Möglichkeit, etwas Essbares aufzutreiben, und sie beschlossen, bei Bekannten um etwas Brot zu bitten. Da nahte ein französischer Heerwagen, vollbeladen mit köstlichem Brot. Mit dem Mut der Verzweiflung sprang der Familienvater auf das Fahrzeug, griff sich zwei Brote, um sie seiner Frau und den Kindern zu bringen.

Diese Aktion, aus der Not geboren, sahen jedoch einige der französischen Soldaten, packten den Mann und banden seine Hände mit Stricken zusammen. So brachten sie ihn zum Offizier, der den Trupp befehligte. Dieser fackelte nicht lange und sprach ein hartes Urteil: „Jeder, der beim Diebstahl ertappt wird, ist umgehend standrechtlich zu erschießen." Die junge Mutter und Ehefrau des Delinquenten stieß einen markerschütternden Schrei aus, fiel auf die Knie und flehte weinend um Gnade für ihren Mann. Doch den Offizier rührten weder die bitteren Tränen der Frau noch deren Sorge um ihren Mann. Auf Knien versuchte sie, das harsche Urteil des Offiziers abzuwenden.

Dieser jedoch stellte in aller Eile ein Erschießungskommando zusammen, damit das Urteil vollstreckt würde. Einige der Soldaten aber begannen zu murren und wollten den Befehl des Offiziers nicht ausführen. Da drohte dieser seinen Untergebenen mit sofortiger Erschießung, sollten sie nicht unverzüglich seinem Befehl Folge leisten. So stellten sich die Soldaten schließlich widerwillig zur Exekution in einer Reihe auf.

Die beiden Kinder, die das ganze Geschehen beobachten mussten, begannen, herzergreifend zu weinen, ein heftiges Zittern befiel sie, und ihre kleinen Füße versagten ihren Dienst. „Bitte, lasst unseren Vater am Leben!" konnte das Größere der Kinder noch stammeln, aber die Reaktion des Offiziers war nur eine abweisende Handbewegung.

Der gefesselte Familienvater stand regungslos und wie versteinert vor den Soldaten. Es schien, als habe er das Schreckliche, das seiner Familie bevorstand, noch gar nicht begriffen. Doch plötzlich durchzuckte ihn die Schwere der Tragödie, die ihn und die Seinen erwartete. Mit seinen gefesselten Händen stürzte er auf den Offizier zu, wurde jedoch von den Soldaten zurückgerissen. Für den Offizier war dies das Signal, die Exekution sofort vorzunehmen. Sein Befehl kam umgehend und schneidig: „Habt Acht! Legt an! Gebt Feuer!" Ein lauter Knall

Erschießung eines Revolutionärs

durchschnitt die Stille. Die Soldaten jedoch hatten in die Luft geschossen und ihre Gewehre weggeworfen. Sie sprangen auf ihre Pferde und sprengten in alle Richtungen davon. Der Offizier und einige seiner Soldaten waren überrumpelt. Sie gaben auf ihre davoneilenden Kameraden noch einige Schüsse ab, von denen einer den Oberschenkel eines Davongaloppierenden traf.

Was aber war aus dem gestohlenen Brot geworden? Die junge Familie, die wie durch ein Wunder ihren Mann und Vater nicht verloren hatte, nutzte das Durcheinander und schlich sich mit den Brotlaiben davon. Sie wurde in der kommenden Zeit nicht mehr belästigt.

Der durch den Schuss verletzte französische Soldat, dessen linker Oberschenkel stark blutete, ritt in das Dickicht des nahen Waldes. Kurz darauf strauchelte sein Pferd und warf den Reiter ab. Regungslos lag er zwischen abgerissenen Tannenästen und wildem Gestrüpp. „Wie wird es wohl jetzt mit mir weitergehen?" murmelte er verängstigt vor sich hin. „Vielleicht sterbe ich hier." Da hörte er neben sich im Gras etwas rascheln und dachte voll Schrecken, dass er von seinen Kameraden, die auf ihn geschossen hatten, entdeckt worden sei und dass ihm nun der Tod drohe. Als er sich langsam aufrichtete, blickte er in zwei erschreckte Augen, die einer jungen Frau gehörten. Die hatte sich aus ihrem Elternhaus geschlichen, um nachzuschauen, was wohl der Grund für den ohrenbetäubenden Lärm in ihrer Nachbarschaft gewesen sei.

Erschrocken bemerkte sie, dass zu ihren Füßen ein Mann lag, der sich blutend und stöhnend aufzurichten versuchte. Als dies nicht gelang, ging die junge Frau zögernd und zaghaft auf den Verletzten zu. Dieser sah, dass ihm von diesem jungen Wesen kein Unheil drohte. Er fasste sich ein Herz und flüsterte: „Ich bin Pierre." Er schilderte der jungen Frau, was geschehen war. Sie war entsetzt über das Gehörte, fasste sich ein Herz und sagte: „Ich bin Marie." Sie wunderte sich, dass der Franzose so gut deutsch sprach. „Ich habe Verwandte in Deutschland", sagte Pierre zu Marie, die sich die Wunde des Verletzten anschaute. „Im Übrigen sprechen viele Offiziere deutsch."

„Bitte, verrate mich nicht", bat Pierre. Als er aber in Maries blaue Augen sah wusste er, dass sie dies nicht tun würde. Sie half ihm wieder auf sein Pferd und steuerte dem elterlichen Wälderhof zu, der nicht weit entfernt war. „Du bekommst bei uns etwas zum Essen", erklärte sie Pierre, „und dann versteckst du dich in unserem Haus, dort findet dich niemand. Und wenn dein Bein am Morgen immer noch blutet, hole ich den Wundarzt", versprach Marie. Pierre wollte widersprechen, aber Marie ließ sich auf keine Diskussion ein.

Auf dem Weg zum elterlichen Bauernhof bekam sie plötzlich Angst vor ihrem Vater. Was würde dieser wohl sagen, wenn sie mit einem „Feind" den Hof beträte? Maries Bedenken sollten nicht unberechtigt sein. Als die beiden bei Maries Zuhause angekommen waren, stand der Bauer schon in der Tür. Beim Anblick des jungen Mannes in französischer Uniform zuckte er zusammen. Sein Gesicht verfärbte sich und er wollte lospoltern, aber seine Stimme blieb ihm im Hals stecken. Marie beeilte sich sogleich, dem nach Worten ringenden Vater den ganzen Sachverhalt zu erklären. Zunehmend wurden seine Züge freundlicher, weil er keinen „Feind" sondern einen Menschen vor sich hatte, der sich unter Lebensgefahr für andere eingesetzt hatte.

Gehöft im Schwarzwald, von Lucian Reich

Er nahm den Franzosen bei der Hand, ging mit ihm in den Keller, hob eine versteckte Falltür auf und wies dem Verletzten einen Platz als vorübergehende Bleibe zu. Unter der Falltür befand sich ein großer Raum für verschiedene Vorratsgüter und zwei große Mostfässer. Nach kurzer Instruktion durch den Hofbauern galt es in aller Eile einen sicheren Unterschlupf für das Pferd zu finden. Kaum waren Ross und Reiter in Sicherheit, als aus der Ferne Pferdegetrappel zu hören war. Ohne anzuklopfen traten französische Soldaten in die Stube des Bauernhauses und fragten barsch, ob vor kurzem französische Soldaten vorbeigeritten seien. „Nein", sagte der Hofbauer gleichmütig. Marie jedoch drängte sich vor ihren Vater und entgegnete den Franzosen mit großen Augen: „Aber ich habe vor etwa einer Viertelstunde mehrere Franzosen gesehen, die in diese Richtung geritten waren." Dabei zeigte sie auf den Weg, der weiter in den Wald hinein führte. „Merci", sagten die Soldaten und ritten davon. Die Gefahr schien fürs Erste gebannt.

30. Juli 1796
Woher kam das viele Geld?

Im Wirtshaus „Krone" trafen sich am 30. Juli gegen Abend einige Hüfinger zum samstäglichen Dämmerschoppen. Ihr Gesprächsthema war, wie hätte es anders sein können, die Drohung des französischen Generals, die Stadt zu plündern und anzuzünden und die großzügige Spende des „Lägelewirtes", welche dies verhindern sollte.

Die Nachricht von dieser Spende war wie ein Lauffeuer durch die Stadt gegangen und ließ manche Frage offen, so etwa, woher der „Lägelewirt" Fritschi so viel Geld hatte, um einen Großteil des geforderten Lösegeldes zu bezahlen. Als Wirt und Hutmacher lebte er doch in eher bescheidenen Verhältnissen. Einige wollten wissen, er habe vor kurzem eine größere Ackerfläche an die Stadt verkauft. Andere spekulierten, der Wirt habe eine hohe Geldsumme geerbt.

Der älteste unter den Gästen konnte sich an die Aussagen seiner Eltern erinnern, wonach der Großvater von Johann Baptist Fritschi, der Schreiner Georg Fritschi im Dezember 1738 wegen einer Erbangelegenheit in der Schweiz gewesen war und auf dem Heimweg von dieser Reise gestorben sei.

Natürlich war das ein interessanter Gesprächsstoff für die Zecher in der „Krone". Wilde Spekulationen schwirrten durcheinander. Vielleicht gab es damals ein hohes Erbe, wovon sein Enkel, der „Lägelewirt", jetzt noch zehre. „Das ist doch alles dummes Geschwätz", rief der „Kronenwirt" von seiner Theke aus den Gästen zu. „Wir wissen einfach nicht, woher mein Wirtskollege das viele

Geld hat. Auf alle Fälle ist er ein ehrlicher und hilfsbereiter Mann." Einer meinte, vielleicht gäbe es zwischen dem Wirt und dem Schultheißen eine finanzielle Verbindung, da beide doch verwandt seien. Ein als Nörgler und Besserwisser bekannter Gast verstieg sich sogar in die Behauptung, dass es hier um dunkle Machenschaften gegangen sein könnte.

Zwischenzeitlich begab sich der Lägelewirt zur „Krone" und wollte gerade die Tür zur Gaststube öffnen, als er von drinnen seinen Namen nennen hörte. „Soso", sagte der „Lägelewirt" während er die Tür öffnete, „ich habe also dunkle Geschäfte gemacht, womöglich mit dem Schultheißen. Aber der ist ja gar nicht mit mir verwandt."

Jeder in der Gaststube wusste es, wenn der „Lägelewirt" mit „Soso" begann, lag etwas Besonderes in der Luft. Dann wollte er entweder etwas Ernstes oder auch etwas Lustiges sagen. Als humorvoller Mensch waren seine pfiffigen Reden oder Antworten bekannt. Bei dieser Angelegenheit aber war Humor nicht angebracht. So wollte er gerade den „Übergescheiten" die „Leviten lesen", als seine Ehefrau Agnes hereinstürmte, die ihren Ehemann suchte. „Du sitzt bequem hier und trinkst dein Viertele, während bei

Wirtshausszene, von Lucian Reich

uns in der Wirtschaft Hochbetrieb ist! Unsere Tochter Anna-Maria und ich können die Arbeit in der Wirtschaft nicht schaffen", ereiferte sie sich. Agnes Fritschi war zu dieser Zeit im fünften Monat schwanger. Im November sollte sie ihr 14. Kind zur Welt bringen.

Der Angesprochene wollte das gemütliche „Vierteletrinken" nicht auf sich sitzen lassen und berichtete seiner Frau in allen Einzelheiten die grundlosen Unterstellungen der Dämmerschoppenzecher. Die resolute Wirtsfrau pfiff die „armseligen Dummschwätzer" an: „Welche Unverschämtheiten verbreitet Ihr über meinen Mann. Er und ich fühlen uns als ehrliche Bürger und nicht als Leute, die irgendwelche dummen Dinge drehen. Wir arbeiten den ganzen Tag über in der Wirtschaft und mein Mann noch zusätzlich als Hutmacher. Wir sind sparsam und deshalb nicht gerade arm. Natürlich ist vom Fritschi-Vater und vor allen Dingen vom Fritschi-Großvater noch Geld im Haus ..."

Einer rief dazwischen: "Also doch von einer Erbschaft in der Schweiz!" Agnes Fritschi wollte gerade zu einer Antwort ausholen, da zupfte sie ihr Mann am Ärmel. „Schon gut, lass uns darüber später reden, jetzt aber ruft uns die Lägel zur Arbeit." Beide verließen den Gastraum und ließen eine Schar von Betroffenen zurück.

Von den Beteiligten wusste niemand, dass sich kurze Zeit später in der Amtsstube des Hofrats Mors eine brisante Begegnung abspielen sollte ...

Her mit dem Geld!

Johann Baptist Mors wusste, dass General Tharreau an diesem Abend das geforderte Geld abholen wollte. So wartete er schon seit dem Nachmittag in seiner Amtsstube auf den französischen Offizier. Das gesammelte Geld verwahrte er in einer Schatulle, die er in der untersten Schublade seines Schreibtisches versteckt hielt. Kurz nach Sonnenuntergang war es dann soweit. Der General betrat das Zimmer grußlos und forderte die Übergabe der 200 Louisdor, wie Kapitän Labrousse es am Tag zuvor angekündigt hatte.

Die Stimmung in der Amtsstube war eisig. Obwohl die geforderte Summe bereitlag, erklärte der Hofrat, es sei kaum möglich, in der Kürze der Zeit so viel Geld aufzutreiben. Zudem habe er die Pflicht, die fürstenbergische Regierung darüber in Kenntnis zu setzen und das sei jetzt, da der Sonntag bevorstehe, nicht mehr möglich. Daher könne er ihm leider im Moment kein Geld aushändigen, würde aber sogleich montags in aller Frühe in Donaueschingen vorstellig werden.

Als General Tharreau dies hörte, lief sein Gesicht rot an und seine Halsschlagadern schwollen an. Es schien, als wolle er den Hofrat sogleich packen. Geistesgegenwärtig redete dieser jedoch freundlich lächelnd weiter und sagte, es sei ihm und seiner Frau eine Ehre, den General morgen Abend bei sich loggieren und bestens bewirten zu können. Er werde auftischen, was immer der General auch wünsche. Das genügte, um die aufbrausende Wut des Franzosen abzufangen. Dennoch packte er den Hofrat am Revers und kündigte mit schneidender Stimme an, die Stadt in Schutt und Asche zu legen, sollte das geforderte Geld nicht bis zum

Abend des nächsten Tages bereitstehen. Für ihn, so der General, wäre es ein Vergnügen, Hüfingen brennen zu sehen. Sagte es, und ging höhnisch lachend davon.

Der Hofrat war erleichtert, vorerst Zeit gewonnen zu haben. Er war von seinem Mut selbst überrascht und atmete tief durch. Dann ging er schleunigst hinüber in seine Wohnung und unterrichtete seine Frau über die bevorstehende Einquartierung des Generals.

Intermezzo
Geplanter Pferdediebstahl

Schon einige Wochen war Pierre auf dem Wälderhof. Es hatte sich zwar herumgesprochen, dass dort ein französischer Soldat Unterschlupf gefunden hatte, ein aggressives Verhalten gegen ihn oder gegen die Bauernfamilie gab es jedoch nicht.

Der Wälderhofbauer hatte gleich zu Beginn, als Pierre versteckt werden musste, seinen Nachbarn erklärt, dass es sich bei dem Franzosen weder um einen Spitzel oder einen Deserteur handle, sondern um einen Menschen, der ein Leben gerettet hatte. Er erzählte ihnen die Geschichte von der angedrohten Erschießung des deutschen Familienvaters. Zugleich wurde Pierre mit offenen Armen in die Gemeinschaft aufgenommen. Er durfte zu Erntearbeiten mit aufs Feld. Das Vesper mit Brot und Speck und dazu ein Glas Most schmeckten ihm sehr. Zum ersten Mal seit einigen Wochen sah man Pierre wieder lachen. Der Einzige, sagte der Wälderbauer, vor dem man sich in Acht nehmen müsse, sei der Spitzenhofbauer. Dieser hatte mit keinem der Nachbarn ein gutes

Verhältnis. Er galt als Nörgler und Besserwisser und lebte mit den Bauern in seiner Nachbarschaft im Dauerstreit.

Das Verhältnis zwischen Pierre und der Wälderhoffamilie war ausgesprochen gut. An manchen Abenden saß man zusammen, plauderte miteinander und trank hin und wieder einen Schwarzwälder Kirsch. So auch an diesem Abend.

Mitten in das Gespräch hörte man von außen ein eigenartiges Geräusch, als ob sich jemand durch das nahe Gebüsch bewege. Der Wälderhofbauer stand auf und ging nach draußen. Pierre wollte ihm folgen, der Bauer jedoch hielt ihn zurück. Im fahlen Mondlicht war nichts zu erkennen, doch plötzlich wieherte ein Pferd. Der Wälderhofbauer lief zu dem Verschlag, in dem Pierres Pferd versteckt war und sah, dass der Spitzenhofbauer das Pferd stehlen wollte. In diesem Moment trat Pierre zum Bauern, und sofort begann das Pferd zu wiehern. Der Spitzenhofbauer fühlte sich ertappt und ging mit polternden Worten auf die beiden zu und triumphierte, er habe jetzt den Beweis, dass der Wälderhofbauer einem desertierten Franzosen und dessen Pferd Unterschlupf geboten habe. „Ich lasse es nicht zu, dass wir alle wegen diesem Franzosen Schwierigkeiten bekommen. Ich möchte nicht, dass mein Hof wegen so einem", und dabei deutete er auf Pierre, „in Flammen aufgeht."

Bis zu diesem Zeitpunkt war der Wälderhofbauer ruhig geblieben, dann aber schrie er den Spitzenhofbauern an: Das dürfe er ruhig tun, er könne dann auch gleich sagen, wo der Schmuck, den er aus einem französischen Packwagen gestohlen habe, sich jetzt befinde. Der Spitzenhofbauer schwieg, ließ das Halfter des Pfer-des los und verschwand, Flüche vor sich her stoßend, in die Rich-tung seines Hofes.

31. Juli 1796

Ein schicksalsträchtiger Tag

Voller Sorge sah Hofrat Mors dem nächsten Morgen entgegen. An diesem Sonntag würde sich also das Schicksal der Oberamts-stadt Hüfingen entscheiden. Am Abend dieses letzten Julitages sollte der Tross der Franzosen eintreffen und Quartier in den von Hüfingern und Franzosen gemeinsam bestimmten Häusern be-ziehen. Und General Tharreau wollte unwiderruflich sein Geld ab-holen.

Noch war es ruhig im Städtchen. Schon in den Morgenstunden legte sich eine Hitzeglocke über die Stadt und lähmte das sonst rege Leben. Der Hofrat öffnete am frühen Morgen alle Fenster im Ratssaal. Die stickige Luft und die Wärme trieben ihm erste Schweißperlen auf die Stirn. Aber es waren nicht nur die Zeichen eines heißen Sommertages, sondern auch die Angst vor dessen ungewissen Ausgang. Je später es wurde, desto mehr steigerte sich die Nervosität des Hofrates. Die Stunden vergingen und schon lag die Hauptstraße im Schatten der untergehenden Sonne.

Plötzlich war aus der Ferne das Rumpeln von schweren Wagen sowie das Wiehern und Traben von Pferden zu hören. Der Fran-zosentross ließ dicke Staubwolken zurück, die wie eine dunkel-weiße Wand auf Hüfingen zutrieben. Es war ein furchterregender

Französische Einquartierungen,
von Lucian Reich

Anblick, als die unzähligen Soldaten mit ihren Munitions- und Bagagewagen durch das obere Tor in die Stadt einzogen. Vor dem Rathaus angekommen, wurden den französischen Soldaten ihre Quartiere zugewiesen. Auch für die Pferde gab es genügend Stallungen oder sonstige Unterstände. Der erste Weg des kommandierenden Generals Tharreau war der zum Hofrat Mors, der ihm seine geräumigen Zimmer als Quartier zur Verfügung gestellt hatte. Der Hofrat wohnte in der Wohnung des Amtshauses zusammen mit seiner Frau und den Kindern sowie der betagten Schwiegermutter.

Der General und der Hofrat gingen zurück in den Ratssaal, wo die französischen Offiziere und einige Ratsherren auf sie warteten. Ohne große Vorrede verlangte der General die Herausgabe des Lösegeldes. Zur Überraschung aller Anwesenden verweigerte der Hofrat die Aushändigung des Geldes. Er habe das Geld noch nicht vollständig beisammen, außerdem habe die Regierung auf seine Anfrage, ob die Lösegeldforderung rechtens sei, ja noch nicht reagieren können.

Diese Antwort trieb dem General die Zornesröte ins Gesicht. Er schrie den Hofrat an, er werde ihn foltern lassen und dann die Stadt anzünden, wenn er nicht bis zum nächsten Morgen das geforderte Geld auf den Ratstisch lege. Der Hofrat schüttelte nur den Kopf. Die Geduld des Generals war zu Ende. Er packten den Beamten und zischte: „Gut, dann wird Hüfingen morgen früh brennen!" Heftig fluchend verließ er den Raum, begab sich ins Amtshaus und legte sich schlafen. Der Adjutant aber kehrte zu seinen Kameraden in die Hauptstraße zurück.

Im Ratssaal blieb es stumm, den Versammelten verschlug es regelrecht die Sprache. Doch plötzlich wurde es laut. Besonders der Schultheiß Sebastian Fritschi erregte sich und beschimpfte den Hofrat massiv. Er warf ihm vor, für die Stadt ein folgenschweres Risiko einzugehen, wenn er das von den Bürgern gespendete Lösegeld zurückhalte. Andere wieder schrien, der Hofrat sei schuld, wenn die Stadt ausgeplündert und angezündet würde. Ein anderer schmetterte sogar das Wort „Verräter" in den Saal. Den Hofrat trafen diese Worte hart: Er wolle doch nur das Beste für die Stadt, nur deshalb habe er das Geld zurückbehalten, entgegnete er. Er wollte noch weitersprechen, kam jedoch nicht dazu, denn laute Missfallensrufe erschreckten ihn. „So etwas habe ich in Hüfingen noch nie erlebt", meinte der irritierte Hofrat. Es kamen Zweifel auf, ob der Hofrat das Geld übergeben oder ob es zu der von den Franzosen angekündigten Feuersbrunst kommen werde. Mit der Angst, der berüchtigte General mache seine Drohung wahr, gingen der Schultheiß, der Bürgermeister und die Räte bedrückt nach Hause. Hofrat Mors blieb alleine im Ratssaal zurück. Jedoch hatte er kaum Zeit, seine Gedanken in Ruhe zu ordnen. Kaum waren die Räte und städtischen Vertreter gegangen, stürmten erneut französische Soldaten in den Saal.

Misshandlungen

Für die französischen Offiziere war die Weigerung des Hofrats, das Lösegeld auszuhändigen, Anlass für eine brutale Misshandlung des fürstenbergischen Beamten. Die Franzosen gaben ihm Rippenstöße und Schläge auf den ganzen Körper. Einer zog ihn an den Ohren in die Höhe und ließ ihn dann wieder auf den Boden plumpsen, und dies wiederholte er mehrfach. Trotz dieser Quälereien weigerte sich der Hofrat standhaft, das Lösegeld zu übergeben.

Die Franzosen sahen ein, dass auf diesem Wege keine Geldübergabe zu erreichen sei. Sie änderten ihre Taktik und wollten auf das Eintreiben des Lösegeldes verzichteten, wenn ihnen der Hofrat einhundert Gulden für die privaten Kassen der Offiziere aushändigen würde. Doch der Hofrat schüttelte wiederum den Kopf. Das machte die Franzosen noch aggressiver und sie schlugen auf den Kopf des Hofrates ein. Einer packte ihn an der Gurgel, drückte so lange zu, bis dieser fast keine Luft mehr bekam und forderte die Herausgabe von hundert Gulden. Der Hofrat, dem das Sprechen unmöglich war, schüttelte nur den Kopf. Der Franzose drückte weiter, bis der Gefolterte blau anlief. Plötzlich taumelte der Hofrat zu Boden. Im Fallen deutete er auf eine Schublade des Schreibtisches. Die Franzosen rissen diese ohne Zögern heraus und fanden eine Kassette. Doch diese war leer. So suchten sie in dem Schreibtisch weiter und verstreuten Papiere und Akten, die sich dort befanden, im ganzen Raum.

Diese Situation nutzte der Hofrat, der wieder zur Besinnung gekommen war, und schlich heimlich aus dem Ratssaal und versteckte sich im obersten Geschoss seiner Wohnung im angrenzenden Amtshaus. Die Franzosen ließen von der Suche des Hofrates ab und machten sich an die Plünderung des Rathauses. Sie rissen alle Türen auf und stahlen alles, was für sie interessant war. Doch all dies stellte die Soldaten noch nicht zufrieden. Gemeinsam stürmten sie hinüber zum Amtshaus und drangen in die Wohnung des Hofrats ein.

In der Wohnstube der Familie Mors saß Maria Anna Mors mit ihren Kindern verängstigt auf dem Kanapee. Ihre alte Mutter war schon schlafen gegangen. Gott sei Dank wurden sie von den Soldaten nicht angerührt, die wortlos zur anderen Tür hinausstürmten und über die Treppe ins Obergeschoss eindrangen. Dort aber hatte die Schwiegermutter des Hofrats ihr Schlafzimmer. In der Meinung, dort den Beamten vorzufinden, drangen sie gewaltsam in die Stube der alten Frau ein. Als diese daraufhin laut zu schreien begann, wurden die Soldaten ungehalten und postierten sich drohend vor ihrem Bett.

Zitternd starrte die Schwiegermutter des Hofrats auf die Eindringlinge, Tränen liefen ihr über die Wangen. Einer von ihnen hielt zwei große Nägel und einen Strick in der Hand. Er trat an das Bett der aufgeschreckten alten Frau und drohte, sie mit diesem Strick aufzuhängen, wenn sie ihm nicht ihren Schmuck aushändige. Aber das Opfer blieb stumm. Der Franzose genoss sichtlich die Situation und mit diabolischer Freude wiederholte er sein grausames Spiel. Ein Schreikrampf der Hochbetagten hielt ihn davon ab, sein Opfer weiter zu quälen. Kurz darauf stürmte Hofrat Mors in das Schlafgemach und zerrte die Soldaten wutentbrannt zur Tür hinaus. Er hatte Glück, dass sie nicht nachsetzten und mit höhnischem Lachen das Amtshaus verließen.

All dieses grauenhafte Geschehen mussten auch die Kinder der Hofratsfamilie miterleben. Nachdem die Franzosen gegangen waren, lief die Tochter Katharina schnell zu ihrer Großmutter und versuchte sie zu beruhigen. Katharina war neun Jahre alt und liebte ihre Großmutter über alles. Aus dem Mädchen sollte später einmal eine hoch angesehene Freiburger Bürgersfrau werden.

1804 heiratete sie den Staatswissenschaftler, Historiker und libe-
ralen Politiker Karl von Rotteck, der Gymnasialprofessor in Freiburg war (Heute tragen in Freiburg eine Straße und eine Schule
den Namen von Rotteck). Auch die Söhne der Hofratsfamilie gingen zum Studium nach Freiburg und schlugen, wie ihr Vater, die
höhere Beamtenlaufbahn ein.

Plünderungen

An diesem Tag ging es auf den Straßen und in den Gassen chao-
tisch zu. Johlende Franzosen und angstvolle Schreie von Frauen
drangen bis in den Ratssaal. In den Häusern verschmierten sich
junge Frauen ihre Gesichter mit Ruß, um alt und hässlich auszu-
sehen. Sie hofften dadurch vor den Belästigungen der Franzosen
sicher zu sein. Diese gingen bei ihren Plünderungen nach Plan vor.

Österreichisches Flugblatt warnt vor den Franzosen.

Zunächst forderten sie Geld oder Schmuck von den Bürgern. Waren sie mit dem Ergebnis nicht zufrieden, verwüsteten sie die ganze Wohnung.

Obwohl die Franzosen gut verpflegt wurden, war kein Geflügel, Schwein oder ein anderes Tier vor ihnen sicher. In Treibjagden wollten sie diese einfangen. Wäre es nicht so ernst gewesen, hätte man lachen können. So hatte einer der Plünderer ein Ferkel eingefangen und trug es triumphierend zur „Schlachtbank". Das Ferkel hatte offensichtlich etwas anderes im Sinn, sprang dem Franzosen aus den Händen und rannte laut quiekend davon. Dann änderte es seinen Fluchtweg auf einen Bauernhof zu und sprang dort über eine „Miste", der Franzose luftringend hinterher. Plötzlich hörte man ein Plumpsen und einen lauten Schrei. Der Franzose war in ein Gülleloch gefallen und drohte zu ersticken. Der Bauer, der das Ganze beobachtet hatte, lachte sich ins Fäustchen – zunächst. Doch dann tat ihm der junge Franzose leid, und mithilfe seines Knechtes zog er den Franzosen aus dem Loch. Dieser schüttelte sich prustend, lief zur nahe vorbeifließenden Breg und stürzte sich „zur Säuberung" ins Wasser.

Scheunenbrand

In der Stadt wurden der Lärm und die Hilferufe der Bürger immer lauter. Die Straßen waren überfüllt von Soldaten. Die Horden der Plünderer wurden immer dreister. Laut johlend richteten sie auf den Straßen und Plätzen Feuerstellen ein, um die gestohlenen Tiere zu braten. Die Feuer erhellten die Stadt und ließen erahnen, wie ein Stadtbrand aussehen könnte.

In den späten Abendstunden machte ein Sommergewitter mit heftigen Regengüssen dem lauten Treiben auf der Straßen ein Ende. Die Franzosen zogen sich in ihre Quartiere zurück. Ein paar Unentwegte suchten sich eine große Scheune, worin sie vor den Sturzbächen des Regens sicher waren. Reichlich genossener Alkohol und die Lust am Zündeln veranlassten die Plünderer, in der Scheune mehrere Feuerstellen einzurichten, um die erbeuteten Tiere mundgerecht zu braten. Plötzlich erfasste eine schnell um sich greifende Sturmböe die Flammen. Die schnell wieder geschlossenen Scheunentore konnten das Abbrennen der großen Scheune nicht verhindern.

Dieser Brand schreckte den Hofrat auf, der beständig bemüht war, seine verängstigte Familie zu beruhigen. Die Schwiegermutter meinte, der General habe Hüfingen bereits angezündet. Der Hofrat ging in den Ratssaal, wo mittlerweile auch der Schultheiß und zahlreiche französische Offiziere anwesend waren, die wegen des Brandes verunsichert waren. Jetzt kam auch schlaftrunken der General hinzu, und wollte sich nach dem Feuer in der Stadt erkundigen, das nach Aussage der Offiziere nur ein Versehen war. Er schnarrte den Hofrat an: „So wird es in der ganzen Stadt aussehen, wenn das Lösegeld nicht bezahlt wird." Dieses Mal schüttelte der Hofrat nicht seinen Kopf und sagte klar und deutlich: „Hüfingen zahlt, wenn es Order von der fürstenbergischen Regierung dazu bekommt!" Der General polterte los: „Ist das ihr letztes Wort, Herr Hofrat?" Dieser nickte nur und sagte „Ja."

Bevor der General weitere Maßnahmen ankündigen konnte, hörte man schnelle Schritte auf der Treppe. Keuchend stürzte ein französischer Kurier ein und überreichte dem General eine Depesche von General Ferino aus Donaueschingen. Er las sie und blickte ernst auf seine Offiziere: „Meine Herren Offiziere, wir müssen die Stadt verlassen. Die Regierungtruppen sind dabei, unweit von hier einen Verteidigungsring einzurichten. Wir brechen morgen in aller Frühe auf, um unsere Stellungen einzurichten." Sprach es, drehte sich abrupt um, ohne den Hofrat eines Blickes zu würdigen und verließ den Ratssaal. Ihm folgten die Offiziere, darunter Adjutant Labrousse. Boshaft krächzte dieser den Hofrat an: „Hofrat, freuen Sie sich nicht zu früh. Bald holen wir die 200 Louisdor! Verlassen Sie sich drauf!"

Den Ratsmitgliedern, besonders aber dem Hofrat, fiel ein Stein vom Herzen, als die Franzosen den Saal verließen. Das Taktieren von Johann Baptist Mors um die Herausgabe des Lösegeldes erwies sich als glücklich. Er räumte später allerdings ein, dass er das Lösegeld kurz bevor die Soldaten Feuer in Hüfingen gelegt hätten, übergeben hätte.

Intermezzo
Der Schuhtausch

Trotz aller Bedrängnisse, die Hüfingen in diesen Kriegsjahren erlitten hatte, gab es auch amüsante Begebenheiten, welche die Bürger zum Lachen brachten. Die Geschichte vom Gallus Götz, dem Ölbauern, war lange Zeit ein lustiger Gesprächsstoff der Hüfinger. Lucian Reich nahm in seinem 1853 erschienenen *Hieronymus* die „Schuhgeschichte" mit dem Gallus Götz auf. Lucian Reich nannte den Ölbauern Götz „Vetter Galli", und das mit Recht, denn seine Mutter und der „Galli" waren Geschwister. In Wort und Bild widmete sich Reich nach Jahrzehnten dieser lustigen Geschichte. Er schrieb:

Der Schuhraub an „Vetter Galli",
von Lucian Reich

„Drunter ischs und drüber gange was me eba sage. –
Menge brave Ma hets nine chönne prästiere,
het si Sach verlohren und Hunger glitten und brület."

„So erzählte man sich in Hüfingen lange unter Lächeln, wie es dem Vetter Galli ergangen ist. In dem allgemeinen Durcheinander hatte es ihn zum Verwalter (des Zuchthauses) getrieben, ohne dass er recht wusste, was er eigentlich wollte. Unterwegs trifft er auf einen „Neufranken" (Franzosen), dem sogleich des Vetters neue Bundschuhe ins Auge stachen. Der Soldat erlaubte sich, dem Vetter das Schuhwerk auszuziehen und warf ihm daher seine durchgetretenen Stiefel hin. Kaum im Anziehen begriffen, kam ein anderer Kriegsmann in Pantoffeln daher, und sogleich kam es zu einem neuen Tausch. Also leicht beschuht, zog der Galli weiter. Da begegnete ihm ein Dritter, welcher gar keine Fußbekleidung auszutauschen hatte und welcher dem Galli mit der im Volke mit der eigenen Höflichkeit ersuchte, seine Visite in Socken abzustatten." Soweit die Worte von Lucian Reich in seinem *Hieronymus*.

1. August 1796

Die Franzosen verlassen die Stadt

Es war ein grandioser Anblick, als in der Frühe des 1. August 1796 zwölf Kompanien mit 1211 Mann und 78 Pferden die Stadt verließen. Es würde Tage dauern, hieß es aus dem Rathaus, bis die schlimmsten Schäden beseitigt seien.

In den nächsten Tagen war es verhältnismäßig ruhig in der Stadt. Der Hofrat lud alle Hüfinger Lösegeldspender in den Ratssaal ein, um ihnen offiziell für ihre Hilfsbereitschaft zu danken und das gespendete Geld zurückzugeben. Ohne diese wäre Hüfingen zu einem Flammenmeer geworden, was den Schultheißen zum Zwischenruf veranlasste: „Und ihr gefährliches Taktieren bei der Lö-

segeldübergabe hätte beinahe zu einer Brandkatastrophe ge-
führt!" Der Hofrat schluckte, und wollte gerade erwidern, als es
laut an der Tür klopfte. Ohne auf ein „Herein" zu warten stürzte
ein französischer Offizier in den Ratssaal und forderte aggressiv,
das Lösegeld für den General herauszugeben.

Der Erste, der die neue Lage erfasste, war der „Lägelewirt". Er erkannte in dem Franzosen keinen schmucken französischen Offizier, sondern einen in verwahrloster Uniform steckenden Deserteur. Einen solchen könnte man, ohne Folgen zu erwarten, auch
maßregeln. Sprach's, packte den Franzosen und warf ihn auf den
Boden. Dabei kniete er auf seine Brust. Er forderte ihn auf, zu ge-
stehen, dass er ein Deserteur sei, der gekommen war, die geforderten 200 Louisdor in die eigene Tasche zu stecken. Der Franzose schwieg beharrlich. Nun verstärkte der „Lägelewirt" den
Druck mit seinen Knien.

Der Franzose konnte nur noch röcheln. Das beeindruckte den „Lägelewirt" jedoch nicht. Er schrie den auf dem Boden liegenden
Franzosen an. „Noch ein letztes Wort", schrie er, „bist du ein Deserteur, der das Geld für sich behalten will?" Mit letzter Kraft nickte
der Franzose, worauf der „Lägelewirt" von seinem Zugriff abließ.
Der Franzose versuchte zu fliehen, wurde aber an der Rat-
haustreppe vom „Lägelewirt" wieder eingefangen. Er versetzte
dem Flüchtenden einen Tritt in den Hintern, worauf dieser strauchelte und die Treppe hinunterfiel. „So, jetzt ist das Thema Lösegeld abgeschlossen", bemerkte der Hofrat. Er setzte sich hungrig
und erleichtert mit den Ratsherren an den Tisch nieder, wo schon
ein festliches Essen bereit stand.

August bis Oktober 1796
Überall das gleiche Spiel

Der abrupte Abzug der Franzosen aus Hüfingen löste bei der Bevölkerung Freude und Erleichterung aus, warf aber auch die Frage auf, weshalb die französische Truppe geradezu fluchtartig die Stadt verließ.

Das Rätsel war schnell gelöst: Es waren strategische Gründe, die zu diesem schnellen Entschluss führten. Sie betrafen den rechten Flügel des französischen Rhein-Mosel-Heers, der in das Allgäu führte, während die Generäle Ferino und Tharreau und ihre Soldaten über den Hegau in Richtung Bodensee marschieren mussten. Schon am Nachmittag des 1. August rückte General Ferino in Stockach ein, am Abend auch General Tharreau, der sich im Rentamtgebäude einquartieren ließ. Von den Stockachern forderten die Franzosen 20 000 Paar Schuhe und 54 000 Pfund Brot – ersatzweise 500 Louisdor in bar, wovon 200 Louisdor schließlich gezahlt wurden. Auch hier zogen die Truppen jedoch schnell weiter. Schon am 3. August gegen 12 Uhr erreichten sie mit 6000 Mann Markdorf und Umgebung.

Aus Schilderungen von Zeitzeugen wird deutlich, dass auch die Einwohner von Markdorf die Brutalität und den Zynismus von General Tharreau rasch zu spüren bekamen. Er blieb seinem Muster treu, das er auch in Hüfingen anwandte: Die Forderung nach Lösegeld mit der Drohung von Plünderung und Niederbrennung der Stadt. Ähnlich wie die Hüfinger versuchte auch die Markdorfer Verwaltung zumindest einen Teil der hohen Lösegeldforderung zu beschaffen. Derweil litt die Bevölkerung unter Plünderungen und der Vergewaltigung vieler Frauen. Um General Tharreau milde zu stimmen und ihn von den Misshandlungen abzubringen, wurden ihm von verschiedenen Seiten Uhren und Schmuck zugesteckt. Auch sein Adjutant, Kapitän Labrousse und sein Kammerdiener Laguerre erdreisteten sich, Lösegeld in ihre eigene Tasche zu stecken.

Markdorf hatte noch Glück im Unglück. Schon gegen Abend des 3. August zogen sich die Franzosen wieder zurück und verließen die Stadt. Sie stießen weiter in die Seeregion vor, sodass andere Gemeinden und Städte unter der Rücksichtslosigkeit der Soldaten leiden mussten. Besonders hart traf es die vielen Weiler und Höfe, die dem Einfall der Truppe schutzlos ausgeliefert waren. Nicht nur, dass die Franzosen die Menschen misshandelten, sie trieben auch ihren Spott mit ihnen. So ließen sie sich in einem Weinort Kannen mit bestem Bodenseewein füllen, leerten diese aber vor den Augen der entsetzten Menschen wieder aus und verlangten neue, gefüllte Kannen voll Wein.

Rückzug der Französischen Armee durch das Höllental im Herbst 1796

Überall wo General Tharreau mit seinen Soldaten einfiel, kam es zu Plünderungen, Misshandlungen und Brandschatzungen. Aus dem Feldzug von 1796 sind solche beispielsweise auch von Meersburg, Radolfzell, Konstanz, Kloster Hofen, Eriskirch und Überlingen überliefert. Viele Gemeinden gaben vor, das Geld zu besorgen, spielten aber meist auf Zeit, weil die französische Truppe in Eile war und rasch weiterziehen musste. Zu den angedrohten Brandstiftungen kam es nicht.

Vom Bodensee aus machte die Truppe von General Tharreau weitere Vorstöße ins Allgäu. Allerdings hatten die Franzosen dort wenig Kriegsglück. Immer wieder kam es zu Niederlagen, die sie schließlich im Herbst 1796 zum Rückzug zwangen. Dabei kamen sie wieder durch die Gebiete, in denen sie Wochen zuvor ihr Unwesen getrieben hatten. Auch an Hüfingen zogen sie vorbei, allerdings betraten sie die Stadt nicht. Zusammen mit weiteren Truppeneinheiten zog die Einheit von General Tharreau in Richtung Neustadt und durch das Höllental nach Freiburg. Bis Ende Oktober waren alle französischen Soldaten wieder in ihre Heimat zurückgekehrt.

Nachdem sich die französische Armee bis über den Rhein zurückgezogen hatte, drangen wieder kaiserliche Truppen in das Gebiet ein, dass sie vor dem Einfall der Franzosen in ihrem Besitz hatten. Wer jedoch glaubte, nun kämen für die Bevölkerung ruhigere Zeiten, wurde schnell eines Besseren belehrt. Zwar gab es unter den Kaiserlichen keine Brandschatzungen, doch mussten die Menschen auch jetzt mit Misshandlungen, Diebstählen und Erpressungen rechnen. So musste der Hüfinger Hofrat Johann Baptist Mors bei einer Krisensitzung seines Rates festhalten, dass sowohl Franzosen als auch Kaiserliche die Bevölkerung in gleichem Maße schikaniert hätten, und dass auch die Soldaten, die unter habsburgischem Kommando standen, nicht weniger brutal mit den Menschen umgegangen seien als die Franzosen.

Das Zuchthaus wird zum Lazarett

Nach dem Abzug der französischen Truppen am 1. August 1796 war es einige Wochen ruhig in Hüfingen, bis am 21. September Hüfingen wieder im Mittelpunkt französischer Interessen war. Allerdings waren es nicht aktive Kämpfer, sondern Verwundete, die in Hüfingen Aufnahme fanden. Am 11. September berichtete das Hüfinger Oberamt der fürstlichen Verwaltung in Donaueschingen, dass die Franzosen im Hüfinger Zuchthaus ein Lazarett einrichten wollten.

Von der fürstenbergischen Verwaltung gab es keine Einwendungen, denn das Zuchthaus war zu diesem Zeitpunkt leer. Sämtliche Züchtlinge, die sich bisher nicht unangenehm aufführten, wurden entlassen. Die gefährlichen Insassen kamen zur Verwahrung nach Heiligenberg. Die näheren Gründe für diese Maßnahme schilderte Zuchtmeister Franz-Josef Schelble in seinem Bericht an das Oberamt von Ende Juli 1796. Dort heißt es, dass „die Züchtlinge äußerst missvergnügt und verbittert, und bei dem wirklich vorhandenen Tumult nicht mehr in Ordnung zu halten sind, solle die bei der gegenwärtigen Lage nach Hause zu ihren Weibern und Kindern entlassen, damit sie auch ihnen durch ihre Gegenwart Hilfe und Trost verschaffen könnten. Sie würden sich sonst mit Gewalt selbst losmachen, was der Zuchtmeister und die Aufseher nicht verhindern könnten. Auch bestehe die Gefahr, dass sie dem Feind alles verrieten. Im Übrigen bestehe ja jederzeit die Möglichkeit, sie zurückzuholen." Soweit Zuchtmeister Schelble.

Die Schließung dauerte nur kurze Zeit. Am 22. September konnten die Züchtlinge von Heiligenberg wieder nach Hüfingen gebracht werden. Allerdings wurde das Zuchthaus nun gleichzeitig noch ein Lazarett. So polterten am 21. September 30 Wagen mit Verwundeten durch Hüfingen zum Zuchthaus. Die Verwundeten, es waren Franzosen und Österreicher, waren in einem erbärmlichen Zustand. Verstümmelte Arme und Beine standen im Vordergrund der Verletzungen, wobei der unsachgemäße Transport mit alten Wagen und Karren den Zustand der Verletzten noch verschlechterte. Lautes Stöhnen und unterdrückte Schreie hörte man von den Wagen. Andere Verletzte waren stumm. Als

Verwundete französische Soldaten
auf dem Rückmarsch 1796

man diese ins Gebäude tragen wollte, waren sie bereits tot. Viele der Verwundeten überlebten ihre schweren Verletzungen nicht. Im Hüfinger „Kleinen Stückle", einer bis vor einigen Jahrzehnten bestehenden Gartenanlage südlich der Stadt, fanden sie ihre letzte Ruhestätte Dieser Friedhof wurde von den Bewohnern der Stadt „Franzosenfriedhof" genannt. Noch lange Zeit war dieser Name ein Begriff, auch als man sich längst nicht mehr an die Namen der hier Bestatteten erinnerte.

Erst nach 150 Jahren wurde der Name „Franzosenfriedhof" aus dem Vergessen wieder erweckt. Es war bekannt, dass im „Kleinen Stückle" die süßesten gelben Rüben (Möhren) wuchsen. Ein junger Mann und sein Vater arbeiteten des Öfteren dort. Sie erfreuten sich vor allen Dingen der dort wachsenden gelben Rüben. Beim

Umgraben der Erde stieß der junge Mann auf einen großen Knochen. Der Vater meinte, es könnte der Hüftknochen eines Kalbes gewesen sein, das dort verscharrt worden sei. Die beiden erfuhren erst viel später, dass hier die Toten aus dem Lazarett im Zuchthaus begraben worden sind. Es klingt glaubwürdig, dass der junge Mann und sein Vater keine gelben Rüben aus dem „Kleinen Stückle" mehr gegessen haben …

Obwohl nach den Ereignissen des Sommers 1796 auf der Baar keine Kriegshandlungen stattfanden, blieb der Bevölkerung des Oberamts Hüfingen nur wenig Zeit der Ruhe. Dem ersten Revolutionskrieg folgten zwei weitere und 1812 bis 1813 schließlich der Russlandfeldzug Napoleons. In diesen Jahren kam es in Hüfingen immer wieder zu massiven Einquartierungen französischer Truppen. In keinem Falle aber gab es derart brutale Übergriffe wie im Juli 1796 unter General Tharreau.

Ausklang
Glückliche Familie

Nachdem die Franzosen Richtung Bodensee abgezogen waren, herrschte in der fürstenbergischen Oberamtsstadt also etwas Ruhe. Was aber war aus dem jungen Soldaten Pierre geworden, der auf dem Wälderhof strandete? Dazu müssen wir fast vier Jahre weiter blicken:

Am Nachmittag des 2. Juni 1800 saß „Lägelewirt" Johann Baptist Fritschi in seiner Werkstatt neben der Gaststube und brachte einen alten Hut wieder in die richtige Form. Seine Frau Agnes bediente die Gäste in der Wirtsstube nebenan, als ein junger Mann mit einer Frau und einem Kind eintrat. Es war der ehemalige Soldat Pierre, der dem Befehl zur Erschießung eines hungergeplagten Familienvaters nicht Folge leistete und der jetzt auf der Baar eine Familie gegründet hatte.

Pierre stellte Marie, mit der er seit einigen Jahren verheiratet war, und den kleinen Sohn der beiden vor, den sie Jean nannten. Der Kleine war mit seinen schwarzen Locken ein besonders hübsches Kind. „Eben der ganze Vater", meinte Pierre. „Und die blauen Augen hat er von mir", sagte die junge Frau und lächelte glücklich. Pierre und Marie berichteten dem „Lägelewirt" und seiner Frau von ihrem Leben auf dem Wälderhof und wie glücklich sie seien. Mit Freude und Dankbarkeit sprachen sie von der Hilfsbereitschaft und Zuneigung der Nachbarn. Auch von amtlicher deutscher und französischer Seite gab es keinerlei Schwierigkeiten. Pierre half den Nachbarn wo es ging und wurde bald zu einem gern gesehenen Mitarbeiter und Freund.

Der „Lägelewirt" wollte wissen, wo sich seine ehemaligen Kameraden befänden, die damals den Schießbefehl verweigerten. Pierre wusste es nicht. „Vielleicht haben sie bei den Regierungstruppen Anschluss gefunden", antwortete Pierre. Etwas Erfreuliches könne er aber mitteilen. „Das Ehepaar mit seinen Kindern, das vor einigen Jahren einem schrecklichen Schicksal entronnen war, habe ich ausfindig machen können. Sie wohnen jetzt am Kaiserstuhl und widmen sich der

Junge Liebe, von Lucian Reich

Landwirtschaft." Pierre erzählte dies mit großer Freude und auch die Tatsache, dass diese Familie sich zu einem Besuch bei ihm entschlossen habe. Besonders stolz sei er aber darauf, dass er, Pierre, als Pate für das in einigen Wochen erwartete Kind vorgesehen sei.

Der „Lägelewirt" schaute Pierre, Marie und den kleinen Jean ernst an und meinte: „Könnte doch der Hass und das Töten zwischen Frankreich und Deutschland ein Ende finden und durch ein friedliches Miteinander abgelöst werden! Die Familie mit Pierre, Marie und Jean könnte doch als Beispiel dafür dienen, dass dies möglich ist." Er strich dem kleinen Jean durch sein gelocktes schwarzes Haar und schaute mit ernstem, fast visionärem Blick in die Weite. „Vielleicht kann ich das ja in meinen alten Tagen noch erleben."

Dieser Wunsch wurde ihm nicht erfüllt, aber seine Nachfahren konnten nach etwa 150 Jahren erfahren, wie aus den beiden Erzfeinden Frankreich und Deutschland Freunde wurden. Wie hätten sich der „Lägelewirt", Pierre und Marie und ihre Kinder und Enkel darüber gefreut.

Anhang
Biographische Daten

I.
Jean Victor Tharreau
General der französischen Armee unter Napoleon

15. Januar 1767	Geboren in Le May-sur-Èvre (nach anderen Quellen in Bégrolles-en-Mauges) in Westfrankreich.
7. August 1792	Eintritt in die Armee, wo er schnell Karriere macht.
24. März 1794	Ernennung zum Brigadegeneral der Ardennenarmee.
13. Juni 1795	Abkommandierung zur Rheinarmee unter General Moreau.
24. Juni 1796	Die Armee von General Moreau überquert den Rhein. Truppenteile unter den Generälen Ferino und Tharreau dringen über den Schwarzwald Richtung Osten vor.
August – September 1796	General Tharreau kämpft in Süddeutschland gegen die österreichische Armee.
September – Oktober 1796	Rückzug der französischen Armee (u.a. durch das Höllental) nach Frankreich.

4. August 1797	Heirat mit Anne-Margueritte Martin in Colmar. Aus der Ehe geht ein Sohn hervor (Pierre-André).
12. Januar 1798	Wechsel zur Englandarmee mit Stationierung in Cherbourg.
17. Juli 1798	Rückkehr zur Rheinarmee.
März 1799	General Tharreau kämpft in der Division von General Férino am Bodensee und im Linzgau.
20. April 1799	Ernennung zum Divisionsgeneral. Kommandiert in der helvetischen Armee vier Divisionen in der Schweiz (u.a. Winterthur am 27. Mai 1799).
16. August 1799	Abberufung nach Besançon zur Organisation der Truppen in der 6. Division.
15. März 1800	Wechsel zur 3. Division der Rheinarmee unter General Gouvion-Saint-Cyr.
9. Mai 1800	Schlacht bei Biberach an der Riss. Im Feldzug 1800 soll es zu einer gewalttätigen Auseinandersetzung zwischen General Tharreau und seinem Vorgesetzten General Moreau gekommen sein.
21. Mai 1800	General Moreau lässt in Babenhausen einen Kriegscommisiär wegen Erpressung erschießen. Zusammen mit General Vandamme wird

General Tharreau aus gleichem Grund nach Frankreich zurückgeschickt.

20. November 1800	Dienst in der „Armée d'observation du Midi", dann Befehlshaber einer Elitedivision unter Joachim Murat.
1801	Befehl über eine Division in Südfrankreich. Nach anderen Quellen: Berufung zum Militärgouverneur von Straßburg.
1802 - 1809	Nach Differenzen mit der Zentralregierung in Paris keine offizielle Anstellung.
21. Dezember 1808	Ernennung zum *„Baron de l'Empire"*
13. März 1809	Oberbefehl über die erste Grenadierdivision des Marschalls Oudinot. Teilnahme am Feldzug gegen Wien.
12. Mai 1809	Verwundung beim Angriff auf Wien. Angebliche Gefangennahme und Misshandlung.
22. Mai 1809	Niederlage bei der Schlacht von Essling.
6. Juli 1809	Sieg in der Schlacht von Wagram. Anschließend Rückkehr nach Frankreich und Erwerb herrschaftlicher Güter in Orvault (Westfrankreich).
10. August 1809	Ernennung zum Offizier der Ehrenlegion.

5. März 1812	Übernahme des Kommandos der 23. westfälischen Division für Napoleons Russlandfeldzug.
24. Juni 1812	Beginn des Russlandfeldzuges.
August 1812	Interne Konflikte um die Stellung von General Tharreau in der Armee.
6. September 1812	General Tharreau erobert den russischen Vorposten Schewardino bei Borodino und macht zahlreiche Gefangene.
7. September 1812	In der Schlacht von Borodino wird General Tharreau um die Mittagszeit durch einen Schuss in das linke Bein und einen in die Brust schwer verletzt.
26. September 1812	General Tharreau stirbt an den Folgen der Verletzungen im Lazarett Moschaisk. Seinem letzten Willen gemäß wird sein Herz nach Frankreich überführt und in Orvault beigesetzt.

II.
Johann Baptist Mors
Fürstlich Fürstenbergischer Hofrat

19. Januar 1756	Geboren in Meßkirch als Sohn des Schumachers Thomas Mors und dessen Ehefrau Barbara Franziska Mors, geb. Sager.
1765 - 1771	Studium der Philosophie, Theologie und Rechtswissenschaft in Freiburg.
1771	Fürstenbergischer Regierungsprokurator in Meßkirch und Donaueschingen.
1777	Obervogt in Jungnau.
1783	Obervogt in Trochtelfingen
1784	Heirat mit Maria Anna Neidinger, Tochter des Obervogts von Neustadt und späteren Obervogts von Haslach, Johann Balthasar Neidinger.
26. Dezember 1787	Geburt der Tochter Katharina in Trochtelfingen (heiratet am 5. Juni 1804 in Donaueschingen den Freiburger Staatswissenschaftler, Historiker und liberalen Politiker Karl von Rotteck, gestorben am 6. Juni 1872 in Freiburg)
1789	Beförderung zum Oberamtmann in Trochtelfingen.

1790	Hofrat und Oberamtmann in Hüfingen.
1800	Hof- und Regierungsrat in Donaueschingen.
1811	Herausgabe des „Alphabetischen Repertoriums über sämtliche badischen Gesetze" bei Herder in Freiburg. Spendet 500 Gulden aus dem Erlös des Buches an die Familie von Tochter Katharina zur Renovierung deren Landgutes.
1820	Ruhestand und Übersiedlung zur Familie der Tochter Katharina nach Freiburg. Pensionsbezüge zu einem Drittel vom Fürsten zu Fürstenberg und zu zwei Dritteln von der badischen Regierung.
12. Januar 1822	Gestorben in Freiburg.

III.
Johann Baptist Fritschi
Hutmacher und Lägelewirt

18. April 1751	Geboren in Hüfingen als erstes Kind des Hutmachers Johannes Fritschi und dessen Ehefrau Anna Maria Schmid.
20. Oktober 1777	Johann Baptist Fritschi heiratet Agnes Mayer, Tochter des Zimmermanns Josef Mayer aus Gutmadingen und der Johanna, geb. Nober aus Hüfingen.
1778 - 1796	Es werden 14 Kinder geboren, von denen 6 im ersten Lebensjahr sterben, darunter auch das letzte Kind, die am 18. November 1796 geborene Tochter Katharina. Die beiden Söhne Jakob (geb. 1782) und Johann Baptist (geb. 1790) erlernen wie der Vater den Beruf des Hutmachers.
1783	Erwerb der Wirtschaft „Zur Lägel".
1801	Verkauf des Gasthauses an Johann Haller.
7. November 1817	Mit 63 Jahren stirbt Agnes Fritschi.
16. Oktober 1829	Johann Baptist Fritschi stirbt 78jährig in Hüfingen.

Abbildungen

Französische Louis-
dor-Münze mit dem
Abbild von Ludwig
XIII aus dem Jahre
1641.

Fürstenbergischer
Konventionstaler
mit dem Abbild von
Joseph Maria Bene-
dikt, regierender
Fürst bis 1796.

Fürstenbergische 20
Kreuzer Münze mit
dem Abbild von Karl
Joachim, regierender
Fürst von 1796 bis
1804.

General Jean Victor Tharreau,
Ölgemälde von Rob. Lefèvre,
Schloss Versailles.

Wappen von General Tharreau

Tharreaus Name am Arc de Triomphe in Paris

Tharreaus Unterschrift

Tharreaus Grabmal

Hüfingen als Oberamtsstadt

Freitreppe vor dem alten Rathaus

Rückzug der französischen Truppen von Johann Baptist Seele

Katharina von Rotteck, geb. Mors

Grabmal von Rotteck auf dem Alten Friedhof
in Freiburg im Breisgau

Ehemaliges Zucht- und Arbeitshaus am jetzigen Burgplatz

Gasthaus „Zur Lägel" Anfang des 20. Jahrhunderts

Textquellen

- Armbruster, J.M.: Sünden-Register der Franzosen während ihres Aufenthaltes in Schwaben und Vorder-Österreich im Jahre 1796, Band 1.
- Braun, S.: Memoiren des letzten Abtes von St. Peter, Freiburg, 1870.
- Fickler, C.: Kurze Geschichte der Häuser Fürstenberg, Geroldseck und von der Leyen, Karlsruhe, 1844.
- Jean Victor Tharreau, http://von-bastille-bis-waterloo.wikia.com/wiki/Jean_Victor_Tharreau.
- Jean Victor Tharreau, https://wikipedia/Jean_Victor_Tharreau.
- Kageneck, A.: Das Ende der vorderösterreichischen Herrschaft im Breisgau, Freiburg, 1981.
- Kessinger, R. / Peter K.M.: Als wenn die Hölle offen wär ... Der Hegauer Aufstand und die Kriegskassenraube 1796, Singen, 2006.
- Köbele, A.: Sippenbuch der Stadt Hüfingen, Hüfingen, 1962.
- Münch, E.: Geschichte des Hauses und Landes Fürstenberg, Band 3, Aachen / Leipzig, 1832.
- Reichsfreiherr v. Albini: Revolutions-Almanach, Göttingen, 1801.
- Staats- und Adresshandbuch des Schwäbischen Reichskreises, Ulm, 1794.
- Strahlheim, C.: Die Geschichte unserer Zeit, zwanzigster Band, Stuttgart, 1829.
- Treskow, R.v.: Erlauchter Vertheidiger der Menschenrechte! – Die Korrespondenz Karl von Rottecks, Band 1 und 2, Freiburg, 1990.

o Vetter, A.: Chronik der Stadt Hüfingen, Hüfingen, 1984.
o Viel, B.: Johann Peter Hebel oder Das Glück der Vergäng-
   lichkeit, C.H. Beck, 2010.
o Wagner, W.: Aus der Geschichte des fürstenbergischen
   Zucht- und Arbeitshauses in Hüfingen, in: Schriften des
   Vereins für Geschichte und Naturgeschichte der Baar und
   der angrenzenden Landesteile, 17. Heft, 1928.

Bildquellen

Seite 9:   Aus: Kessinger, R. / Peter K.M.: Als wenn die Hölle
             offen wär ... Der Hegauer Aufstand und die
             Kriegskassenraube 1796, Singen, 2006.
Seite 10:   Ausschnitt aus: „Jean Victor Tharreau", Ölgemälde
             von Robert Lefèvre, Schloss Versailles.
Seite 15:   Hutmacher im 19. Jahrhundert, Book of Trades,
             1806.
Seite 18:   „Die Erschießung Robert Blums", Lithographie von
             A. Fay, Wehrgeschichtliches Museum, Rastatt.
Seite 21:   „Schwarzwaldgehöft mit Milchhäuschen", Feder-
             Pinsel-Skizze von Lucian Reich, Augustinermu-
             seum, Freiburg.
Seite 23:   Wirtshausszene, Holzstich von Lucian Reich in:
             „Kalender für Zeit und Ewigkeit", 1884.
Seite 29:   „Einquartierung", lavierte Tuscheskizze von Lucian
             Reich zum „Hieronymus", Stadtmuseum Rastatt.
Seite 34:   Aus: Kessinger, R. / Peter K.M.: Als wenn die Hölle
             offen wär ... Der Hegauer Aufstand und die
             Kriegs-kassenraube 1796, Singen, 2006.

Seite 38:   „Plünderungen", Lithographie von Johann
            Nepomuk Heinemann nach einer Zeichnung von
            Lucian Reich in: „Hieronymus, Lebensbilder aus
            der Baar und dem Schwarzwalde", 1853.
Seite 42:   „Moreaus Marsch durch die Hölle, Oktober 1796",
            Kupferstich aus: Revolutions-Almanach 1801.
Seite 45:   Aus: Kessinger, R. / Peter K.M.: Als wenn die Hölle
            offen wär ... Der Hegauer Aufstand und die
            Kriegs-kassenraube 1796, Singen, 2006.
Seite 47:   „Der große Peter", lavierte Federzeichnung von
            Lucian Reich aus: „Novellen und Skizzen".
Seite 56:   https://de.wikipedia.org/wiki/Louis_d'r
            https://www.ma-shops.de
Seite 57:   „Jean Victor Tharreau", Ölgemälde von Robert
            Lefèvre, Schloss Versailles.
Seite 58:   http://www.heraldique-blasons-armoiries.com
            http://www.testart-autographes.com
            http://www.orvault.fr
Seite 59:   Hüfingen, Hauptstraße mit Stadtkirche und Unte-
            rem Tor, Zeichnung von Karl von Schneider, 1909
            Freitreppe am Hüfinger Rathaus, zeitgenössische
            Skizze aus: Vetter, A.: Chronik der Stadt Hüfingen,
            Hüfingen, 1984.
Seite 60:   „Der Rückzug der Franzosen", kolorierte Radie-
            rung von Johann Baptist Seele, Stadtmuseum
            Hüfingen.
            Aus: Treskow, R.v.: Erlauchter Vertheidiger der
            Menschenrechte! – Die Korrespondenz Karl von
            Rottecks, Band 1, Freiburg, 1990.

Seite 61: Sennhof und ehemaliges Zuchthaus, Fotographie von K. Schatz, 1942, aus: Scherzer, B. / Sumser, H.: Hüfingen – Führer durch eine alte Stadt, 1996. Ehemaliges Gasthaus „Lägel", www.baarverein.de (Sammlung Friedt).

Seite 66: Fotolia.com/©spass.

Der Autor

Kuno Fritschi (geboren 1932) befasst sich seit vielen Jahren mit der Geschichte seiner Heimatstadt Hüfingen und mit Ahnenforschung. Im Jahre 2009 brachte er eine Schrift heraus, worin er sich dem Schultheißen und Löwenwirt widmete, dessen fünf Söhne Priester wurden und sein Enkel, Anton Luz, Reichsprälat. Bei seinen Recherchen hierzu stieß er auf Archivbelege, welche die schweren und dramatischen Stunden, die 1796 das Baarstädtchen fast in Schutt und Asche gelegt hätten, ausführlich beschrieben.

Sein Interesse galt seither den Auswirkungen dieser Schicksalsstunden. Er stellte dabei fest, dass sich ein Johann Baptist Fritschi, Wirt des Gasthauses „Zur Lägel", in besonderem Maße für seine Heimatstadt einsetzte. Groß war das Erstaunen des Autors, als er erkannte, dass dieser „Lägelewirt" ein Urahne von ihm ist. Mit gesteigertem Interesse befasste er sich daher mit dem damaligen Geschehen im Jahre 1796.

In seinem Buch schildert Kuno Fritschi das brutale Vorgehen der französischen Truppen unter Brigadegeneral Tharreau gegen die Bevölkerung. In freier Gestaltung lässt er, gewissermaßen als „Farbtupfer", Geschichten aus Hüfingen einfließen. Vor allem die Schilderung der Liebe einer jungen Schwarzwälderin zu einem gleichaltrigen Franzosen soll von der Hoffnung sprechen, dass der Hass zwischen Frankreich und Deutschland einmal zur Freundschaft zwischen beiden Völkern werden würde – eine Hoffnung, die sich erst nach dem Drama des Zweiten Weltkriegs erfüllen sollte.

In diesem Sinne sind die Stadt Hüfingen und die französische Stadt Ornans vor Jahren schon eine Städtepartnerschaft eingegangen. Auch eine Straße in Hüfingen trägt seit einigen Jahren den Namen „Ornans-Ring" und in Ornans gibt es eine „Rue d'Hüfingen".

Es lebe die deutsch-französische Freundschaft!